THIS NOTEBOOK

BELONGS TO

TABLE OF **CONTENTS**

NO	TITLE	PAGE

TABLE OF **CONTENTS**

NO	TITLE	PAGE

TABLE OF **CONTENTS**

NO	TITLE	PAGE

TABLE OF
CONTENTS

NO	TITLE	PAGE

DATE: ______ /______ /______

PAGE NO

DATE: ______ /______ /______

PAGE NO

DATE: ______ /______ /______

PAGE NO

DATE: ______ /______ /______

PAGE NO

DATE: _____ /_____ /_____

DATE: ______ /______ /______

PAGE NO

6 /100

DATE: _____ /_____ /_____

DATE: ______ /______ /______

PAGE NO

DATE: ______ /______ /______

PAGE NO

DATE: ______ /______ /______

PAGE NO

DATE: ______ /______ /______

DATE: ______ /______ /______

PAGE NO

DATE: ______ /______ /______

DATE: ______ /______ /______

PAGE NO

DATE: _____ /_____ /_____

DATE: ______ /______ /______

PAGE NO

DATE: _____ /_____ /_____

DATE: ______ /______ /______

PAGE NO

DATE: _____ /_____ /_____

PAGE NO

DATE: ______ /______ /______

PAGE NO

DATE: ______ /______ /______

DATE: ______ /______ /______

PAGE NO

22 /100

DATE: ______ /______ /______

PAGE NO

DATE: ______ /______ /______

PAGE NO

DATE: ______ /______ /______

DATE: ______ /______ /______

PAGE NO

DATE: ______ /______ /______

DATE: ______ /______ /______

PAGE NO

DATE: ______ /______ /______

DATE: ______ /______ /______

PAGE NO

30 /100

DATE: _____ /_____ /_____

PAGE NO

DATE: ______ /______ /______

PAGE NO

DATE: ______ /______ /______

DATE: ______ /______ /______

PAGE NO

DATE: _____ /_____ /_____

PAGE NO

DATE: ______ /______ /______

PAGE NO

DATE: ______ /______ /______

DATE: _____ /_____ /_____

PAGE NO

DATE: ____ /____ /____

PAGE NO

DATE: ______ /______ /______

PAGE NO

DATE: ______ /______ /______

PAGE NO

DATE: ______ /______ /______

PAGE NO

DATE: ______ /______ /______

PAGE NO

DATE: ______ /______ /______

PAGE NO

DATE: _____ /_____ /_____

DATE: ______ /______ /______

PAGE NO

DATE: ______ /______ /______

PAGE NO

DATE: ______ /______ /______

PAGE NO

DATE: ______ /______ /______

DATE: ______ /______ /______

PAGE NO

DATE: ______ /______ /______

PAGE NO

DATE: ______ /______ /______

PAGE NO

DATE: ______ /______ /______

DATE: ______ /______ /______

PAGE NO

DATE: ______ /______ /______

DATE: ______ /______ /______

PAGE NO

DATE: ______ /______ /______

DATE: ______ /______ /______

PAGE NO

DATE: ______ /______ /______

DATE: ______ /______ /______

PAGE NO

DATE: ______ /______ /______

DATE: ______ /______ /______

PAGE NO

DATE: _____ /_____ /_____

PAGE NO

DATE: ______ /______ /______

PAGE NO

DATE: ______ /______ /______

DATE: ______ /______ /______

PAGE NO

DATE: ______ /______ /______

PAGE NO

DATE: ______ /______ /______

PAGE NO

DATE: ______ /______ /______

PAGE NO

DATE: ______ /______ /______

PAGE NO

DATE: ______ /______ /______

PAGE NO

DATE: ______ /______ /______

PAGE NO

DATE: ______ /______ /______

DATE: ______ /______ /______

PAGE NO

DATE: _____ /_____ /_____

DATE: ______ /______ /______

PAGE NO

DATE: ______ /______ /______

PAGE NO

DATE: _____ /_____ /_____

PAGE NO

DATE: _____ /_____ /_____

DATE: ______ /______ /______

PAGE NO

80 /100

DATE: _____ /_____ /_____

PAGE NO

DATE: ______ /______ /______

PAGE NO

DATE: ______ /______ /______

PAGE NO

DATE: ______ /______ /______

PAGE NO

DATE: ______ /______ /______

PAGE NO

DATE: ______ /______ /______

PAGE NO

DATE: ______ /______ /______

DATE: ______ /______ /______

PAGE NO

DATE: ______ /______ /______

PAGE NO

DATE: ______ /______ /______

PAGE NO

DATE: ______ /______ /______

DATE: ______ /______ /______

DATE: _____ /_____ /_____

PAGE NO

DATE: ______ /______ /______

PAGE NO

DATE: ______ /______ /______

DATE: ______ /______ /______

PAGE NO

DATE: ______ /______ /______

DATE: ______ /______ /______

PAGE NO

DATE: ______ /______ /______

DATE: ______ /______ /______

PAGE NO

100/100

Made in the USA
Monee, IL
19 August 2022

11956387R00059